I0196920

www.ingramcontent.com/pod-product-compliance
Lightning Source LLC
Chambersburg PA
CBHW070635050426
42450CB00011B/3214
9781680374551

תרגול ערכים רוחניים והצלת העולם

נאום מאת
סרי מאטה אמריטאנאנדאמאיי דווי

לרגל חגיגות יום השנה ה-150 להיוולדו של
סוואמי ויוקאנאנדה

אולם סיריפורט, ניו דלהי
11 ינואר 2013

Mata Amritanandamayi Center, San Ramon
California, United States

תרגול ערכים רוחניים והצלת העולם

An address by Sri Mata Amritanandamayi on the Occasion of the 150th Birth Anniversary Celebrations of Swami Vivekananda

Sirifort Auditorium, New Delhi
11 January 2013

Translated by Swami Amritaswarupananda

Published by:
   Mata Amritanandamayi Center
   P.O. Box 613, San Ramon, CA 94583
   United States

–––– *Practice spiritual values and save the world*
(Hebrew) ––

First edition by MA Center: April 2016

אתר אינטרנא בישראל: www.amma.org.il
אימייל: info@amma.org.il
פייסבוק: Amma Israel
Amma Israel - אמה האם המחבקת.

In India:
   www.amritapuri.org
   inform@amritapuri.org

रक्षा मंत्री
भारत
MINISTER OF DEFENCE
INDIA

שר ההגנה ההודי
15 פברואר 2013

דברי פתיחה

סוואמי ויוקאנאנדה היה ללא ספק השליח
הגדול ביותר של הרנסאנס הרוחני והתרבותי
בהודו במאה ה-19. אנו זוכרים ביראת כבוד
ובגאווה את השליחות הגדולה שהחכם ההודי
לקח על עצמו בהפצת המסר של אחווה אוני־
ברסלית, הרמוניה בין דתות ודו-קיום בשלום
של קהילות וארצות שונות. הוא הכיר ותמך
ברעיון שהדת היא כוח מחבר, וכי כל הדתות
נוצרו עם הכוונה האצילית להארה אישית,
תמיכה חברתית והגשמה אמיתית של העצמי.
הדרכים יכולות להיות שונות, אבל המטרה
הסופית זהה. על שום כך ישנו מקצב טבוע

3

בקרב הדתות אשר נטוע עמוק באהבה, חמלה ומסירות. ברגע שנבין את ליבו של אידיאל זה ונעצב את חיינו בהתאם ללימוד אשר מציעות הדתות השונות, נתחיל לכבד כל פרט באשר הוא בלי קשר למעמד חברתי, אמונה, דת או מוצא. אהבה ודאגה לבני האדם האחרים היא המנטרה לשלום והרמוניה.

סוואמי ויוקאנאנדה עם יכולת הנאום המרשימה שלו והנוכחות מעוררת ההשראה הפך להיות סמל להתלהבות נעורים בכל רחבי העולם. הוא היווה את המסר הרוחני של הודו, תמצית הפילוסופיה ההודית, באופן מפושט ומפורש לרווחת העולם כולו. הוא לימד את הדת של חוסר פחד והאיץ בנוער להתעורר, לקום ולא לעצור עד להשגת המטרה הסופית.

מאטה אמריטאנאנדאמאיי דווי, המוכרת יותר מסביב לעולם כאמה, עושה מחווה מיוחדת לסוואמי ויוקאנאנדה לרגל האירוע מבשר הטובות של יום השנה ה-150 להיוולדו. אמה מסבירה את שיטות ההוראה של הסוואמי, וממחישה אותן על ידי דוגמאות מחיי היום יום. אמה ממליצה לאנשים לשמור על טוהר

מנטאלי וחיות, לדבוק במערכת הערכים, לה־
סיר את זוהמת האכזריות ממוחנו ולספוג את
הפירות של התרבות ומערכת הידע העתיקות
שלנו, ללכת בנתיב הדאהרמה ולחיות חיים
בעלי משמעות תוך התגברות על הפחד. כמו
סוואמי ויוקאנאנדה, אמה גם מייעצת לנו לח־
תור ולהגשים את הכוח האינסופי שבתוכנו.
בהמשך אמה מעבירה את המסר של שימור
הטבע ושמירה על איכות הסביבה למען הש־
גשוג של כולנו.

אמה לא צריכה שיציגו אותה. ההיכרות ושי־
תוף הפעולה שלי עם אמה החלו באמצע
שנות ה-90 כאשר הייתי השר האחראי על
מדינת קראלה. אני מרותק ונרגש עד מאוד
מההתחייבות שאמה לקחה על עצמה לסייע
לחברה, ומההקלה והנחמה שהיא מעניקה
לנזקקים ולאנשים במצוקה. אמה תרמה רבות
לקידום החינוך והטיפול הרפואי. אמה מפיצה
את הבשורה של אהבה ואחווה אוניברסלית,
אשר זכתה לשבחים והערכה ברחבי העולם.
אמה היא כנראה האדם המתאים להעביר את
המסר המאיר והחשוב ביום השנה ה-150

להיוולדו של סוואמי ויוקאנאנדה.

(A.K. Antony)

א.ק.אנתוני, שר ההגנה ההודי

אום אמריטאשוואראיי נאמאה

הקדמה

ב-12 בינואר 2013 צוין יום השנה ה-150 להולדתו של סוואמי ויוקאנאנדה, הסניאסי[1] הנמרץ מכלכתה, הידוע בהבאת הרוחניות ההודית למערב, ובהשראה שהעניק לתיקוני דת והתעוררות רוחנית במולדתו. יום השנה ציין לא רק יום אחד של חגיגות אלא את תחילתה של שנה שלמה, שבה יחגגו מקשמיר לקאניאקומארי, מגוג׳אראט לאוריסה. למעשה, כפי שסוואמי ויוקאנאנדה ביקר ברחבי הגלו־בוס, כך חגיגות יום השנה ה-150 נחגגו לא רק בגבולות הודו אלא ברחבי העולם כולו.

ב-11 בינואר 2013, ארגונו של סוואמי ויוקא־נאנדה קיים תוכנית באודיטוריום סיריפורט בניו דלהי לפתיחת החגיגות שימשכו לאורך כל השנה. לבקשת הארגון, סרי מאטה אמריטא־נאנדהמאיי דווי - אמה האהובה שלנו - נשאה את נאום הפתיחה.

---

1 נזיר הודי.

7

אולם סיריפורט היה מלא עד אפס מקום בטובי בניה של הודו – פוליטיקאים, עובדים סוציאליים, אנשי חינוך, מנהיגים רוחניים, ראשי דת ואחרים, שהקדישו את חייהם לפיתוח הודו. אמה פתחה את דברי הסאטסאנג [2] בדברי שבח על סוואמי ויוקאנאנדה כהתגלמות של טוהר נפשי וחיוניות – אדם שבחייו ובמסר שלו היה בעל כוח להצית את אש הרוחניות בלבבות האנשים. אולם אמה במהרה הבהירה, שמנקודת מבטה הודו רחוקה מלעמוד בחזון שהיה לויוקאנאנדה לארצו. "יתכן שלמדנו לעוף כמו ציפורים ולשחות כמו דגים, אך שכחנו איך לחיות כבני-אדם," אמרה אמה. "נדמה כי אנו צריכים ללמוד מיומנות זו מחדש. כיצד נוכל לעשות זאת? זה אפשרי רק אם נלמד על עצ־ מנו. אנו צריכים להביא את עצמנו להתבוננות פנימית בנושא זה. מדוע? משום שאין זה החלל החיצון, אין זו הרוח, לא הים, ולא עונות השנה, הטבע או החיות שגורמים לבעיות בעולמנו, אלא בני-האדם – התודעה שלנו."

---

2   נאום העוסק בעניני רוח.

במשך 40 הדקות הבאות ציינה אמה את
העיקר שבבעיות השונות של הודו, הכישלון
של האזרחים להוקיר את תרבותם הרוחנית
העתיקה ולחיות את חייהם נטועים בערכים
האוניברסליים עליהם נוסדה תרבות זו.
דבריה של אמה היו ישירים וללא שמץ של
הצטדקות. היא אמרה "למען האמת, רוב האת־
גרים שעמדו בפני הסאנאטאנה דהארמה [3] היו
תוצר עצמי. אפשר להאשים אחרים ולהצביע
על השפעת הגלובליזציה, שלטון זר ודתות
אחרות - אולי, ניתן להאשים את אלו עד גבול
מסוים - אולם אין זו הסיבה העיקרית. הסיבה
העיקרית היא הרשלנות שלנו. נכשלנו בהוקרה
ובהגנה על השפע היקר מפז שקיים בתרבותנו.
ליתר דיוק, לא היינו אמיצים מספיק לעשות
זאת. במו ידינו חפרנו את הקבר שבו תרבות
זו של ידע עתיק ונרחב עשויה להיטמן".
למרות שהתמונה שאמה ציירה היתה קודרת
לעיתים קרובות, נאומה לא היה פאטליסטי
בשום פנים ואופן. "עדיין לא מאוחר מדי",

---

3 רוחניות הודית מסורתית.

אמרה אמה, "אם ננסה בכנות, אנו עדיין יכולים להחיות דהארמה זו. כיצד ניתן להגן על הדהארמה? רק על ידי שימור. רק באמצעות שמירה ויישום יכולה תרבות כלשהי להמשיך להתקיים לאורך זמן."

למעשה, נאומה של אמה היווה תוואי לרפורמה של הודו – תוואי אשר הביא בחשבון את הצורך בשינוי הוליסטי. מבלי לדון בבעיות מסוימות מכשילות כגון חוסר מודעות רוחנית בקרב הנוער ההודי, אמה הדגישה את הצורך בשמירה על הסביבה ועל משאבי הטבע, את הצורך בסובלנות דתית, הצורך להגן על המוחות הצעירים הניתנים בקלות להשפעה על ידי פירסומים מיניים בוטים, והצורך לטפח מנטליות המבוססת על חמלה ושירות ללא תמורה בקרב צעירים ומבוגרים.

אמה סיכמה את נאומה בתפילה "הודו צריכה לצמוח". היא אמרה: "קולם של הידע, ההגשמה העצמית ומילותיהם העתיקות של הרישים[4] שלנו צריכים לעלות שוב ולהדהד

4 חכמי קדם.

ברחבי העולם. על מנת להשיג זאת עלינו לע־
בוד יחד. מי ייתן וארץ זו, שלימדה את העולם
מהי המשמעות האמיתית של קבלה, תישאר
בעלת סגולה זו לעד. מי ייתן והקונכייה של הס־
נאטנה דהארמה תריע תרועה של התעוררות
מחודשת שתהדהד ברחבי העולם. סוואמי
ויוקאנאנדה היה כמו קשת שהופיעה ברקיע
האנושות על מנת לעזור לנו להבין את היופי
והערך של חיים של פעילות בשילוב חמלה ומ־
דיטציה. על כן, מי ייתן והחלום היפה על אהבה,
חוסר פחד ואחדות אשר סוואמי ויוקאנאנדה
חלם יתממש". מחיאות כפיים סוערות נשמעו
באולם. כל הנוכחים באודיטוריום סיריפורט
הבינו שהודו קיבלה את המרשם להחלמתה
ובריאותה על ידי מי שהיא התגלמות התרבות
ההודית עצמה. קווי המתאר של התיקון הונחו,
וכעת כל שעלינו לעשות זה לנהוג לפיהם.

סוואמי אמריטאסווארופאנאנדה פורי
סגן יושב ראש
מאטה אמריטאנאנדה מאט.

תרגול ערכים רוחניים
והצלת העולם

אמה משתחווה בפני כולם, שהם התגלמותה של אהבה טהורה ותודעה עילאית.

בראש ובראשונה, אמה היתה רוצה להביע את שמחתה העמוקה על יכולתה להשתתף בחגי־גת ה-150 להולדת סוואמי ויוקאנאנדה. אפילו בעוד 150 שנה מהיום, החיים והמסר של סוואמי ויוקאנאנדה ימשיכו לשאת את אותה חשיבות שהם נושאים כיום. חייו והמסר שלו ימשיכו להוות השראה לאנשים, מכיוון שסוואמי ויוקאנאנדה היה אדם אשר אישיותו היתה תערובת מושלמת של טוהר נפשי וחיוניות.

"תבחר רעיון אחד. תהפוך רעיון זה למרכז חייך, תחשוב עליו, תחלום עליו, תחיה על הרעיון הזה, תן למוח, לשרירים, למערכת העצבים, לכל חלק בגוף שיתמלא ברעיון, וכל רעיון אחר תניח בצד. זוהי הדרך להצלחה, זוהי הדרך שבה נוצרים ענקי הרוח הגדולים". זו היתה קריאתו המבריקה של סוואמי ויוקאנאנדה

לעולם. למילותיו יש את הכוח להעיר את הפו־טנציאל הרוחני הטבוע באנושות, הכוח להצית פוטנציאל זה, והכוח להגביר את הלהבה לעוצמה של שריפת יער. היום אנו חיים בעולם ששם את אמונתו בסיפוק מיידי, אשר תמיד מחפש אחר "הדשא הירוק יותר" של השכן. אם נהרהר במילותיו של סוואמי ויוקאנאנדה, הן יכולות לעזור להניע מהפכה רוחנית שלווה אך עוצמתית. לא מהפכה חיצונית אלא פנימית - שינוי מבוסס על ערכים.

מנקודת מבט חומרית, האנושות נעה קדימה, כובשת את ההצלחה פסגה אחר פסגה. כיום, האנושות מחזיקה בידה הישגים רבים שבנ־קודת זמן מסוימת נראו בלתי ניתנים להשגה, אפילו כאלה שלא ניתן היה להעלות על הדעת. בכל אופן לאף אחד מההישגים האלה אין את הכוח להסיר אפילו טיפת לכלוך קטנה של אכזריות שהצטברה בלב האנושות. לכלוך זה הצטבר בהיקף גדול כל כך שהביא את האנו־שות לסף אסון גדול.

ייתכן שלמדנו לעוף כמו ציפורים ולשחות כמו דגים, אך שכחנו איך לחיות כבני-אדם. נדמה

כי אנו צריכים ללמוד מיומנות זו מחדש. כיצד
נוכל לעשות זאת? זה אפשרי רק אם נלמד על
עצמנו. אנו צריכים להביא את עצמנו להתבו־
ננות פנימית בנושא זה.   מדוע? משום שאין
זה החלל החיצון, אין זו הרוח, לא הים, ולא
עונות השנה, הטבע או החיות שגורמים לבעיות
בעולמנו, אלא בני-האדם – התודעה שלנו.
זהו חלק מהטבע האנושי לייצר בעיות ולאחר
מכן להתרוצץ בניסיון למצוא להן פתרון. כיום
יש לנו ידע, אך אין לנו מודעות. יש לנו מידע
אך אין לנו ויואקה[1]. אנו יודעים, כמובן, שיש
לנו ראש, אך אנו נעשים מודעים לעובדה זו רק
כאשר יש לנו כאב ראש.
אתם בוודאי שמעתם את הסיפור על אותו
אדם, ששתה כף מלאה של תרופה, ולאחר מכן
הבחין בתווית על הבקבוק שאומרת "נער היטב
לפני השימוש" והבין שלא לקח את התרופה
לפי ההנחיות המדויקות. הוא חשב לרגע ואז
החל לקפוץ מעלה ומטה וניער את גופו ככל
יכולתו.

---

1   הכוח של חשיבה מבחנת ושיפוט ראוי.

כמו האיש בסיפור זה, אנו מנסים לתקן את הטעויות שלנו לאחר שכבר מאוחר מדי. למען האמת, רוב האתגרים שעמדו לפני הסאנטנה דהארמה הם תוצר עצמי. אפשר להאשים אח־רים ולהצביע על השפעת הגלובליזציה, שלטון זר ודתות אחרות - אולי, ניתן להאשים את אלו עד גבול מסוים – אולם אין זו הסיבה העיקרית. הסיבה העיקרית היא הרשלנות שלנו. נכשלנו בהוקרה ובהגנה על השפע היקר מפז שקיים בתרבותנו. ליתר דיוק, לא היינו אמיצים מספיק לעשות זאת. במו ידינו חפרנו את הקבר שבו תרבות זו של ידע עתיק ונרחב עשויה להיטמן. עדיין לא מאוחר מדי, אם ננסה בכינות, אנו עדיין יכולים להחיות דהארמה זו. כיצד ניתן להגן על הדהארמה? רק על ידי שימור. רק באמצעות שמירה ותרגול יכולה תרבות כלשהי להמשיך להתקיים לאורך זמן. אמה אינה מבק־שת ממך לתרגל סגפנות רוחנית אינטנסיבית, אלא לתרגל מעט מהדהארמה שלנו, בהתאם ליכולתך. לורד קרישנה אמר "אין מפסידים בדרך זו. אפילו תרגול רוחני מועט יעזור לך להתגבר על הפחדים העמוקים ביותר." דרך

הדהארמה היא הדרך היחידה בעולם שבהלי-
כה בה אין מקום לכישלון.

אין פחד גדול יותר מאשר הפחד מפני המוות.
צריך שיהיה לנו את האומץ להגן על המורשת
הוודית שלנו על ידי הטמעת החכמה שבה,
אשר מלמדת אותנו כיצד להתעלות אפילו
מעבר לפחד מהמוות. המחשבה "איני מסוגל
לעשות זאת" צריכה לעבור שינוי להחלטה נחו-
שה "אני בהחלט יכול לעשות זאת". זה חשוב
במיוחד בנוגע למוחות צעירים בגלל שהצעירים
הם אלו שתפקידם להמשיך בהוראת המורשת
שלנו בעתיד.

"קומץ נשים וגברים אנרגטיים, כנים ובעלי לב
רחב יכולים לבצע הרבה יותר במשך שנה אחת
מאשר אספסוף במשך מאה שנים". זיכרו את
המילים האלה של סוואמי ויוקאנאנדה, שגם
אמר: "אלה הגיבורים אשר נהנים מכדור הארץ.
זוהי אמת ודאית. היה גיבור. אמור תמיד 'אין בי
פחד.' אמור זאת לכולם: 'אל פחד'".

הקללה של הקהילה ההינדית כיום היא פחד.
ההינדי פוחד לתרגל את אמונתו. היות ששכחנו
את האם הוודית, אם האומה, האם הביולוגית,

אם הטבע, אמא אדמה, פחד זה גרם לצלילה למעמקי החושך. תמצית הסאנאטנה דהארמה היא היעדר פחד. פחד גורם לחיים להיות משו־לים למוות. הוא מחליש את עוצמת המעשים שלנו. הוא גורם לתודעה להיות משועבדת לאנוכיות ורוע. מקור פחד זה הוא ההרגשה "אני חלש". דבר זה נובע מחוסר ההבנה בנוגע לכוח האין סופי המצוי בתוכנו.

פעם אחת, כאשר משאית חלפה דרך כפר, מנוע המשאית עלה באש מסיבה בלתי ברורה. הנהג קפץ במהירות החוצה, הלך לתא טלפון והתקשר למכבי אש. עד שמכבי האש הגיעו למקום, החלק הקדמי של המשאית היה שרוף לגמרי. כשהכבאים פתחו את המשאית הם הופתעו לגלות בתא המטען משלוח של מטפי כיבוי! אם נהג המשאית היה יודע איזה מטען הוא מוביל, הפורענות היתה נמנעת. באותו אופן, בגלל הפחד שלנו, אנו לרוב נכשלים בהבנת הכוח החבוי בתוכנו.

פחד גורם לתודעה שלנו להתכווץ ולהצטמק. התודעה הופכת לבאר יבשה. פחד מגביל את עולמנו לתא קטן וחשוך, כמו צב המתכנס לתוך

שריונו כאשר הוא רואה טורף. זה מפחית את העוצמה שלנו לכדי גרגיר קטנטן. אנחנו מאבדים את האטמה שאקטי[2]. מצד שני, תודעה ללא פחד היא רחבה כמו השמים.

אמה אינה אומרת שלפחד אין תכלית. יש לו תפקיד טבעי ושימושי. לדוגמה, אם בית עולה באש, יהיה זה טיפשי לגלות עוז רוח ולהישאר בפנים. אמה רק אומרת שאסור שנהיה משועבדים לפחד.

לידה ומוות הם שני מאפיינים חשובים של החיים. הם מתרחשים ללא רשותנו, וללא כל התחשבות בצרכינו. אם החיים הם גשר, אזי לידה ומוות הם שני קצוותיו, התומכים בגשר ומהווים לו בסיס. אין לנו שליטה על שני מרכיבים בסיסיים אלה - לידה ומוות – התומכים בחיים. אנו בורים לחלוטין בכל מה שקשור אליהם. בתור שכאלה איך נוכל לתבוע בצורה הגיונית את החלק האמצעי – שלו אנו קוראים "החיים" - כשלנו? באופן דומה, ילדות, התב־

גרות, נעורים וזיקנה לא מבקשים את רשותנו טרם התרחשותם, הם פשוט קורים. זהה אמת זו ובצע פעולות שיתמכו בך כפרט ובחברה בכללותה.

פעם סוואמי ויוקאנאנדה אמר: "כשהמוות בטוח, עדיף להקריב את עצמך למטרה טובה." יש ללמד את הנוער שלנו אידיאלים אלה, שהם התמצית של הסאנטאנה דהארמה. אנו צריכים להוות מודל חיקוי על ידי יישום אידיאלים אלו בחיינו. אם הנוער יתעורר, אזי האומה תתעורר; העולם יתעורר. אולם, נראה כי הנוער כיום נמצא תחת השפעתה של מגיפה נרחבת. אמה אינה מעוניינת לעשות הכללה - ישנם בני נוער שהשקפת עולמם היא בוגרת - אך הרוב הגדול מעוניין רק ליהנות מחיים "סוערים". הם מוצאים את רעיון הרוחניות, הפטריוטיות, ואת הקדושים שלנו כמטופשים. "פרימיטיביים! זה לא בשבילנו. זה לאנשים זקנים ועצלנים", הם טוענים. במציאות, האנשים שלועגים וצוחקים על האחר הם הטיפשים האמיתיים; אלו שי־ כולים לראות ולצחוק על מגרעותיהם וחולשו־ תיהם להם יש ויואקה. אנו צריכים לעזור לנוער

שלנו לפתח חוש זה של ויואקה.

ישנם אך ורק שני חלקים לבריאה. אטמה
ואנאטמה - "אני" וכל מה שאינו "אני". בדרך
כלל אין אנו מעוניינים ללמוד על עצמנו. אנו רק
מנסים ללמוד על מצבים ואובייקטים חיצוניים.
איש אחד התקרב לגבול המפריד בין שתי
ארצות רכוב על האופנוע שלו. על גבי האופנוע
היו שני תיקים גדולים. פקיד המכס עצר אותו
ושאל "מה יש לך בתיקים?".

"רק חול", אמר האיש.

פקיד המכס אמר "אה, באמת? טוב, תיכף
נראה. רד מהאופנוע". הוא לקח את התיקים
ורוקן את תכולתם על הארץ, וכמצופה לא היה
בהם דבר מלבד חול. למרות זאת, החליט
לעכב את האיש לחקירת לילה בזמן ששלח
את החול לבדיקה לגילוי עקבות זהב, סמים
או חומרי נפץ. לבסוף, דבר לא נמצא מלבד
חול. בלית ברירה, פקיד המכס שיחרר את
האיש ונתן לו לחצות את הגבול על האופנוע
עם התיקים על תכולתם.

שבוע לאחר מכן, הדבר חזר על עצמו. ושוב,
פקיד המכס עיכב את האיש לחקירת לילה,

ובבוקר שיחררו את האופנוען עם שני התי-
קים. בחודשים הבאים, הדבר חזר על עצמו
שוב ושוב. לבסוף, מספר חודשים חלפו מבלי
שהאיש חצה את הגבול. יום אחד, פקיד המכס
ראה את האיש יושב במסעדה בצד השני של
הגבול. הוא אמר לו "הי, אני יודע שאתה זומם
משהו, אני רק לא יודע מה. זה הורג אותי! אני
לא יכול לישון בלילה. אני לא יכול להבין את
זה. בינינו, למה אתה מבריח חול חסר ערך"?
האיש חייך ואמר תוך שהוא לוגם מכוס משקה,
"אדוני הפקיד, אני לא מבריח חול. אני מבריח
אופנועים."

בגלל שהיה כל כולו עסוק בתיקים, פקיד המכס
לא שם לב למה שהיה אמור להיות ברור מא-
ליו - האופנוע. בדומה לכך, אנו מרוכזים ללא
הפסק בחיצוני ולכן אנו מאבדים את עצמנו.
לפיכך, בזמן שחשוב להבין את טבע הדברים
החיצוניים, אנו צריכים גם להבין מי אנחנו.
היום ישנם אנשים רבים הלומדים יוגה אסאנה[3]
על מנת לשפר את היופי והכוח הפיזי. זהו

---

3   תנוחות יוגה.

הטרנד החם בקרב הצעירים, אך הם נכשלים בהבנת העיקרון שמונח בבסיס הדברים, העושר היקר מפז שנמצא בלב ליבה של היוגה.

הכוח הקוסמי שיוצר ומארגן את היקום כך שיפעל בצורה חלקה התווה מספר קווים מנחים לאנושות. קווים מנחים אלה נקראים דהארמה. לדהארמה יש קצב, צליל ולחן מסוימים. כאשר האנושות כושלת לפעול ולליישר קו עם דהארמה זו, האיזון בתודעה האנושית ובטבע הולך לאיבוד. הסיבה העיקרית לרוב הבעיות שאנו רואים במדינתנו היא שכיחות של הלך מחשבתי ואורך חיים שאינו מקדיש תשומת לב לתרבותנו העתיקה. הנוער שלנו צריך להיות מודע לבעיה זו. אם הם רוצים שהרצונות והחלומות שלהם יתממשו, כמות עצומה של כוח, ברכותיו של היקום והתמיכה וההגנה של כוחות הטבע נדרשים.

הנוער שלנו אינו "לא טוב לשום דבר" אלא "טוב לכל דבר". הם לא "פזיזים" אלא "מוזנחים". עתידה של הודו ושל העולם כולו תלוי בהם. מעיין הכוח שדרוש על מנת להעיר את החברה נובע בתוכם. אם יתעוררו, העתיד שלנו בטוח.

אחרת, ההרמוניה של חיי האנושות ושל היקום
כולו תופר.

יום אחד, בחור בן 25 הגיע לאשרם שלנו. הוא
חבש את כובע המצחייה שלו הפוך וסימון
ממשחת האלגום (סנדלווד) שלו מרוח על
מצחו. הוא התקרב אל הסניאסי[4] הבכיר ביותר
באשרם ושאל אותו, "הי דוד, איפה מטבח
האשרם?". הסניאסי היה קצת מופתע, אך
ללא תגובה, הוא רק הצביע על כיוון המטבח.
לאחר זמן מה, כשראה את הנער בדרכו חזרה,
קרא לו הסניאסי הצידה ושאל אותו בחום "בני,
מה שמך?"

"ניאנהפרקאש", ענה. (הסניאסי בטח חשב
"הוריו נתנו לו שם טוב, ניאנהפרקאש - אור
הידע. אך מדוע אין הוא מקרין אור כלל?")
הסניאסי אז שאל את הנער "בני, איך תקרא
לאדם הלובש חלוק לבן וסטטוסקופ בבית
החולים"?

"דוקטור", הוא ענה.

"ואיך תקרא למישהו הלובש גלימה שחורה

---

4   נזיר.

ועניבה בבית המשפט"?

"עורך דין", הוא ענה.

"ובכן, אינך יודע שלאדם הלובש בגדי אוקרה[5] באשרם צריך לפנות כ"סוואמי?"

לרגע הנער שתק, ואז התנצל במהירות" סלי־חה, דוד".

הסניאסי לא יכול שלא לצחוק. הנער היה הינדי, מאמין באלוהים ומחונך כראוי. אף על פי כן, היה חסר הבנה לגבי תרבותו. תקרית זו מצביעה על אמת מצערת, הדור הצעיר אינו מודע לערך ולגדולה של ארצו, שהיא ארצם הקדושה של הרישים:[6] הארץ שנתנה לעולם את אור הרוחניות הזהוב. כיצד קרה הדבר? איך נקנה הבנה בסיסית על תרבותנו לדור החדש? תרבותנו הוודית היתה כאור מנחה לעולם כולו. עם זאת תרבות זו נמצאת כיום במשבר. אנו צריכים להגן על תרבותנו. לשם כך אנו צריכים רצון טוב ומוכנות לעשות מאמץ קטן. אז הדהארמה תגן על עצמה. אנו צריכים

---

5 הצבע צהוב עד כתום.

6 חכמי קדם.

להתחיל במאמץ כאן ועכשיו. אולם, לשם כך
המערכת המנהלית הממונה צריכה להיות
בעלת חזון המבוסס על ערכים רוחניים ועל
עבודה משותפת למען שלטון טוב יותר. הדבר
מזכיר את המנטרה האופנישדית שסוואמי
ויוקאנאנדה כה אהב: "קום, התעורר, אל תחדל
עד שתשיג את המטרה".[7]

כוחותינו הנפשיים והשכליים מוגבלים. חיותם
היא קצרת חיים, ולבסוף תסתיים. לכן נאמר
שעלינו לשים את אמונתנו באטמה שאקטי.
זוהי ההתעוררות שאליה מנטרה מפורסמת
זו מתייחסת. לא ניתן לפתח אמונה שלמה בן
רגע, אך כאשר אנו מבצעים את פעולותינו עם
תחושה של כניעה והתמסרות, אנו צוברים כוח
ונעים קדימה לעבר מטרתנו.

אויבינו אינם מחוצה לנו, אלא בתוכנו. אנו האויב
של עצמנו. הבורות שלנו, הדרך שבה הפכנו
משועבדים לתשוקותינו, חוסר ההבנה הכללי
שלנו לגבי טבע החיים, כל אלה הינן חולשות

---

7 Uttisthata Jagrata prapya varannibodhata / Katha
Upanisad 1.3.14

שמגבילות אותנו.

מורה בית-ספר יסודי שאל פעם את תלמידיו "ילדים, כמה כוכבים אתם יכולים לראות בשמי הלילה"?

ילד אחד ענה "אלפי אלפים"!

ילד אחר ענה "מיליונים"!

ילד שלישי אמר "מיליארדים"!

לבסוף הילד הצעיר בכיתה ענה "שלושה"!

"רק שלושה כוכבים"?, שאל המורה, "האם לא שמעת את חבריך לכיתה שאמרו אלפים ומיליארדים? אמור לי ילד, כיצד ייתכן שאתה רואה רק שלושה כוכבים בשמים"?

הילד השיב "אין זו אשמתי. החלון בחדר שלי הוא ממש קטן"!

החלון היה כמו מסגרת. הילד יכול לראות רק פיסת שמים קטנה מבעד למסגרת החלון. באותו האופן אנו מוגבלים על ידי המסגרת של חולשותינו. על מנת להתעלות מעליהן, עלינו לפעול כשאנו עומדים איתנה ושורשינו נטועים בהבנה רוחנית. זמן הקאלי יוגה[8], הוא

---

8   הרביעי מבין ארבעה עידנים, הוא 'עידן החומריות', שבו

עידן הפעולה. ביצוע פעולה מתוך כוונה מלאה
להשיג מטרה רוחנית היא הצורה הטובה ביותר
של פרישות וסגפנות שניתן לעשות בעידן
הקאלי יוגה. הדבר עוזר לנו להגיב בתבונה
במקום להגיב ברגשנות למצבי החיים. אם
לתמצת, חיינו נעשים מובלים על ידי הויואקה.
במילים של סוואמי ויוקאנאנדה "האתאיסט הוא
אדם שאינו מאמין בעצמו. הכוונה בלהאמין
בעצמך היא להאמין בכוח חסר הגבולות של
העצמי הפנימי".

ישנם שלושה סוגי אהבה שמעוררים את הכוח
שבתוכנו: אהבה עצמית, אהבה לאלוהים
ואהבה לבריאה כולה. באהבה עצמית אין
הכוונה לאהבה המרוכזת באגו. הכוונה היא
לאהוב את החיים - לראות הצלחה, כישלון
וחיים אלה כבני אנוש כברכה מאלוהים, ולאהוב
את הכוח האלוהי שטבוע בתוכנו. זה גדל והופך
להיות אהבה לאלוהים. אם שני מרכיבים אלו
נוכחים, המרכיב השלישי - אהבה לבריאה
כולה - יופיע באופן טבעי.

<hr>

הדהארמה אינה מיושמת במידה רבה.

הבית הוא המקור של התכונות החיוביות והשליליות של האדם גם יחד. כמעט כל דבר שמשפיע על בריאותו הנפשית של הילד מגיע מהסביבה המשפחתית בה הוא גדל. כאשר הילד הגיע לגיל 8 או 9, הבסיס של 70 אחוז מהגדילה הנפשית כבר הונח. ייתכן שאדם יחיה עד גיל 80 או 90, אך כאשר הוא בן 10, הוא כבר למד את השיעורים החשובים ביותר בחייו.   רק 30 האחוזים הנותרים נלמדים בשלב מאוחר יותר, ולימוד זה נשען על בסיס נקודות חוזק וחולשה שהתפתחו במהלך היל־דות. על מנת לבנות גורד שחקים, ראשית יש להניח יסודות מוצקים. בגרות, למעשה היא היכולת להמשיך ללמוד במשך כל החיים. היא אינה מגיעה עם הגיל, אלא עם חוסר אנוכיות וגישה של קבלה שאין בה שמץ של דעות קדומות.

בכל יום בתחום הרפואה, טכנולוגיה חדשה מתפתחת ומחלות חדשות מתגלות. לפיכך, הרופא חייב להתעדכן במחקר הרפואי העדכני ביותר. רופא אינו יכול לומר "ובכן, כך היה לפני 20 שנה, זה לא יכול להיות שונה עכשיו."

נכון הדבר - אם אנו רוצים להשיג מטרות חומריות. קודם עלינו לאסוף מידע על העולם החיצוני. אולם כאשר אנו מבססים את חיינו אך ורק על מידע מסוג זה, האגו שלנו גדל. כיום אנו - במיוחד הדור הצעיר - מכלים את חיינו דרך מידע בלתי נחוץ. הנוער מאמין רק בגוף ובשכל. חשיבה זו הופכת אנשים למכניים ואנוכיים. למעשה, כיום, דרך טכנולוגיות מידע, הנוער יודע על העולם יותר מהמבוגרים.

אב רצה לדבר בפרטיות עם בנו - תלמיד כיתה ז׳- לכן לקח אותו לחדרו וסגר אחריו את הדלת. בעודו מביט בעיני בנו אמר "בני, אתה בן 12. כאשר אני קורא ושומע מה ילדים בני גילך עושים בימים אלה, בטני מתהפכת. לכן, רציתי לשוחח אתך על כמה מעובדות החיים". הבן השיב, מבלי להניד עפעף, "בטח, אבא, מה אתה רוצה לדעת? אני אספר לך הכל".

הרישים, חכמינו הקדומים, חוו כי התשתית של כל הידע היא המודעות הטהורה הנמצאת בתוכנו. אנו צריכים לשלב בצורה הרמונית הבנה זו עם תגליותיו של המדע המודרני. על הדור הבא להבין צורך זה. אחרת, ארץ זו,

שהיא מקום ההולדת של החשיבה הרוחנית, תיאלץ להיות עדה לדור שמאמין שאין דבר בחיים מלבד סקס, סמים וכסף.
סוואמי ויוקאנאנדה אמר "לפני שהגעתי לאמריקה ואנגליה אהבתי עד מאוד את מולדתי. מאז שחזרתי, כל חלקיק מאדמה זו נראה כקדוש בעיני". לאחר התקרית האחרונה שקרתה בדלהי, הודים רבים מתביישים לקרוא לעצמם הודים[9]. הערכים שלנו, תחושת הדהארמה שלנו, ההקרבה העצמית והחמלה של חכמי הקדם והקדושים שלנו - הם הדברים שסוואמי ויוקאנאנדה הוקיר כל כך במולדתו. עולמו של אדם רגיל מורכב מביתו, בן זוגו וילדיו, אך אלו שהחליטו להקדיש את חייהם לשירות מתעלים מעל גבולות אלו ותורמים את חייהם למען מולדתם. אלו שעלו לפסגת הרוחניות והתבססו באדווייטה[10] רואים את הבריאה כולה כשלהם, לא רק את המשפחות שלהם. בשבילם גן עדן

9 אמה מתייחסת לאונס הקבוצתי הקטלני של סטודנטית בת 23 שהתרחש בדלהי בדצמבר 2012.

10 הבנה שהפרט, אלוהים והיקום אינם שניים אלא אחד במהותם.

וגיהינום שווים הם. אנשים כאלה יהפכו את הגיהינום לגן עדן. חזון של אחדות זו הוא הדרך לשינוי חיובי.
לאוניברסיטה המנוהלת על ידי האשרם שלנו ישנם חמישה קמפוסים. מספר תלמידים פנו לאמה בבקשה שהם רוצים להפסיק ללבוש תלבושת אחידה. אמה שאלה אותם "האם המטרה האמיתית בחינוך היא רק קבלת תואר, עבודה טובה ולהרוויח כסף רב? לא, מטרתה לרכוש ידע וערכים, ולפתח גישה של חמלה כלפי כולם". או אז, אמה נתנה לסטודנטים מספר דוגמאות למה שקרה בקולג' שנוהל על ידי מוסדות אחרים ללא מדיניות של תלבושת אחידה. בקולג' אחד סטודנטים רבים נאלצו לקחת הלוואות גדולות על מנת לממן את לימודיהם, ולכן היו בעלי תקציב מוגבל מאוד. כאשר סטודנטים אלו ראו את חבריהם לכיתה הלבושים בבגדים אופנתיים ויקרים, הם רצו לנהוג כמותם. תסביך הנחיתות שהתעורר בשל חוסר בבגדים יוקרתיים גרם למספר סטודנטים לנסות להרוויח כסף על ידי מכירת סמים, אפילו לבני כיתתם. בעקבות כך רבים

מהם הפכו למכורים, אחרים גנבו, והיו כאלה שאפילו התאבדו.
סטודנט אחד מקולג' אחר, שהיה מאוד עני, אך היה נואש להשתלב חברתית, שלח לאמה מכתב מדאיג מהכלא, בו סיפר שניסה לשדוד מאישה שרשרת זהב, ובמהלך השוד היא נהרגה בשוגג.
אמה שאלה את הסטודנטים "עכשיו, אימרו לי: האם אתם רוצים ליצור מצב שבו יהיו סטודנטים שיבצעו החלטות שגויות, או שהנכם מעדיפים ללבוש תלבושת אחידה"? לאחר שהבינו את החשיבות של כבוד לרגשותיהם של אחרים, הסטודנטים ענו בפה אחד שהם מעדיפים ללבוש תלבושת אחידה.
אנו צריכים להכיר באחדות הבסיסית שעומדת מאחורי כל ההבדלים. דבר זה יעזור לנו. למרות שאנו יכולים לראות אלף שמשות המשתקפות באלף כדי מים, ישנה רק שמש אחת. כאשר אנו רואים את התודעה שנמצאת בכולנו כאחת וכשווה, אנו יכולים לפתח מודעות המתחשבת בצרכי הזולת לפני צרכינו אנו. לדוגמה, ייתכן שאנו זקוקים לשעון חדש, אך

גם השעון שעולה 50 רופי והשעון שעולה 50
אלף רופי יראו לנו מה השעה. כך שאם נרכוש
את השעון הזול יותר נוכל להשתמש בכסף
הנותר כדי לעזור לעניים, ובכך נעשה שירות
גדול לחברה.

לכל דבר בבריאה יש חיים ותודעה. כיצד אנו
יכולים להוכיח אמת גדולה זו? לא דרך שפה,
לא דרך התודעה ולא דרך האינטלקט - כל אלה
מוגבלים. האהבה היא האור המנחה העתיק
ביותר והמודרני ביותר. רק אהבה תוכל להעלות
את התודעה האנושית ממצבה הנמוך ביותר
לממלכה האינסופית של העצמי. יתר על כן,
אהבה היא השפה היחידה שכל הבריאה יכולה
להבין: השפה האוניברסלית של הלב.

"אהבה", "ברכה", "חסד" ו"חמלה" הינן בסך
הכל מילים נרדפות לאלוהים. מידות טובות
מסוג זה ואלוהים אינם דברים שונים, אלא
היינו הך. ברכה וחסד אלה מתפשטים לכל עבר.
כאשר אנו מבצעים את הדהארמה שלנו בשמ-
חה ובלב פתוח, עוצמה וחסד זורמים לתוכנו.
דג השוחה בשמחה בים שוכח את הים, אך
כאשר הוא ניפלט אל החול החם, הוא מיד נזכר

37

בו. אולם, אין חופים רחוקים מאלוהים אליהם אנו ניפלט, מאחר שאלוהים הינו אוקיינוס אינסופי ללא חוף. כל אחד מאתנו הוא גל בים הזה. כפי שהים, הגלים והמים אחד הם, כך גם אנו אחד עם אלוהים. אנחנו היננו ההתגלמות של אלוהים.

האסוראס [11] הם אלו שנפלו מממלכת הדוואס [12] בגלל חוסר בויואקה. כיום, האדם, שהוא התגלמות האלוהים, מתנהג כמו האסוראס. תקריות רבות שקרו בעבר, ואפילו יותר מכך התקרית הנוכחית, מוכיחים כי אסוראס נולדים כבני אדם. בכל יום אנו שומעים על מקרים המכתימים את שמה של תרבותנו הנצחית - תרבות המלמדת לרכוש כבוד לנשים כאימהות, כאלות, כחברה קרובה אליה אפשר לפתוח את הלב. האם המעשה המזוויע שקרה לאחרונה בדלהי יכול להיות משהו אחר מלבד תוצר של מוח אסורי? (מלשון אסורא/ שד) בשום זמן בהיסטוריה לא הייתה חברה שזלזלה בנשים

11 שדים.

12 היצורים השמימיים.

ושגשגה. כל החברות מסוג זה מתמוטטות. אם נתבונן בראמאיאנה ובמאהאבהאראטה[13], או אפילו באלף שנות ההיסטוריה האחרונות, נוכל לראות כמה קיסרים אמיצי לב ואימפריות עצומות נפלו בשל חוסר כבוד לנשים ואימהות. אדמה זו הייתה עדה למהא-טיאגה, טאפאס ודאנאם של הרישים שלנו - הפרישות, הסגפ־נות והצדקה האדירים שלהם. זהו הזמן הנכון בשביל אזרחי הודו לשנות את הלוך המחשבה. עיכוב נוסף יסתיים באסון.

כשילד עובר את כל אחד משלבי הגדילה - כאשר הוא מנסה להתהפך על הצד, כשהוא לומד לזחול, כשהוא מתחיל ללכת וכך הלאה – הוא דומה לחייל שלעולם לא יסכים לתבוסה. כיום עם זאת, כאשר הוא כבר מבוגר, שחצה את גיל העמידה והפך לאזרח ותיק, המוח שלו נעשה מכוון לעסקים. כל דבר, כולל מערכות היחסים שלו, נעשה מכוון לעסקאות. מי אח־ראי על כך? זוהי החברה שלנו, ההורים שלנו, המבוגרים, מערכת החינוך שלנו, החיקויים

13 האפוסים ההודיים

העיוורים שלנו ודרך החיים שנכשלת בכיבוד התרבות ההודית. כל זה יוצר פחד, חרדה ומורך לב. האנושות מאבדת את הכוח לראות את החיים כהרפתקה או כאתגר שצריך לע־מוד מולו באומץ. התודעה הופכת להיות בלתי מסוגלת להבחין בקיומו של האחר ולהתחשב ברגשותיו.

ישנם 7 מיליארד אנשים על פני כדור הארץ. אולם, כמעט אין אדם החושב על הזולת. אין חברויות, אין משפחה אמיתית, אין אחדות. סטינו מהעדר, כל אחד מאתנו משתולל כפיל פראי.

בסאנאטאנה דהארמה, הבורא והבריאה אינם שתי ישויות נפרדות אלא ישות אחת. כפי שאין הבדל בין תכשיטי זהב לזהב, אין הבדל בין הבורא – אלוהים, והנברא - העולם. התוצאה לעולם אינה יכולה להיות שונה מהבסיס שלה - הסיבה. סאנאטאנה דהארמה היא הפילוסו־פיה היחידה שמלמדת אותנו לראות את *נארא כנאראיאנה* - לראות את בני האדם כאלוהים. זוהי הדת היחידה שסגדה אפילו *לנירגונם* - חסר התואר והצורה – כאלוהים. אין זה משנה

באיזה מרחק אהובתו של אדם תהיה, מראה המטפחת שניתנה לו ממנה במתנה יסב לו אושר גדול מאוד. האדם אינו נהנה מאיכות הבד או הרקמה של המטפחת, הוא נהנה מזי־ כרון אהובתו. בדומה לכך, אין זה משנה איזה צורה נדמיין שיש לאלוהים, מה שאנו למעשה חווים היא הנוכחות האוהבת של אלוהים.

יש לנו מסורת ארוכת ימים של כבוד ויראה לטבע ולכל היצורים החיים. אבותינו הקדומים בנו מקדשים וסגדו לעצים, ציפורים ואפילו לנח־ שים ארסיים. דבורת דבש עשויה להיות קטנה, אך ללא יצור זעיר זה ההאבקה תחדל, וזנים שלמים עלולים להיכחד. אם מנוע המטוס ית־ קלקל, המטוס לא יוכל לטוס. למעשה, להיעדר בורג אחד חיוני עלולה להיות אותה השפעה. האם אנו יכולים להשליך את הבורג ולומר - שלא כמו המנוע - זהו חלק קטן וחסר חשיבות? לאמיתו של דבר, לכל דבר יש תפקיד וחשיבות משלו. אין דבר שהוא חסר חשיבות.

אמא טבע שמרעיפה ברכותיה עלינו, כמו הפרה המגשימה משאלות, *קאמאדהינו*, הפכה כעת לפרה זקנה ומיובשת.

כיום, הרעיון של הגנה על הסביבה נחשב לח־
שיבה מודרנית. הדבר אירוני מאחר שהגנת
הסביבה הוא חלק עתיק מתרבותנו. ההבדל
היחיד הוא שאנו שמרנו על הטבע מאחר
שראינו את כל הבריאה כחלק מאלוהים. ואז,
החלטנו כי חשיבה מסוג זה היא פרימיטיבית
ולכן הפסקנו להגן על הטבע. כיום ההגנה
הסביבתית חסרה את יראת הכבוד שפעם
הייתה בבסיס היחס לסביבה. זוהי הסיבה שכל
מאמצינו בכיוון זה אינם נושאים פרי.

שתי ציפורים ישבו במרומי בניין ודיברו אחת
עם השנייה. ציפור אחת שאלה את השנייה,
"היכן הקן שלך?". הציפור השנייה ענתה "עדיין
אין לי קן או משפחה. אני לא יכולה להשיג
מספיק צוף מהפרחים אפילו בשביל להרגיש
שובע. לפני מספר ימים, בעודי מחפשת צוף,
מצאתי גינה יפהפייה בחזית בית. מלאה בה־
תרגשות, עפתי מטה. רק כאשר התקרבתי
הבחנתי שהגינה מלאכותית. כל הפרחים היו
עשויים מפלסטיק. ביום אחר, מצאתי גינה
אחרת צבעונית, אך כשניסיתי לשתות צוף
מאחד הפרחים, סדקתי את מקורי. הפרח

היה עשוי מזכוכית! ואז, יום אחד, מצאתי גינה אמיתית מלאה בפרחים יפהפיים. רעבה עד מאוד עפתי מטה, אך עצרתי מאחר שראיתי אדם מרסס אותה בחומר דישון כימי ובחומרי הדברה. יכולתי למות! שבתי מאוכזבת. נראה שכיום ישנם רק פרחים מעטים ואלו שנותרו הם כאלה! אז איך אוכל לקוות לקן ולגדל משפחה? איך אאכיל את גוזלי?".

כששמעה את תלונותיה הציפור הראשונה אמרה "את בהחלט צודקת. במשך ימים אני מנסה לבנות קן, אך איני מוצאת ענפים. מספר העצים פוחת, ואם הדבר ימשיך כך, יהיה עלי לבנות קן מחתיכות פלסטיק וברזל".

מצבנו פאתטי בדומה למצבן של שתי הצי-פורים הקטנות האלה. אין זה מספיק להביא ילדים לעולם, אנו צריכים להבטיח את עתידם. במשך 25 השנים האחרונות הרסנו 40 אחוז מהעצים שלנו. כמות הדלק והמים הזמינים פוחתת. מי שיצטרך להתמודד עם מלוא כובד הבעיה הזו הם הילדים שלנו והילדים שלהם. עלינו להבין זאת, להתעורר ולפעול. הנוער שלנו צריך להיות בחזית המערכה לשמירה על

המים, האנרגיה והיערות שלנו.

התאווה היא כמו רעב, היא קיימת בתוך כל בני
האדם. עם זאת בעבר האנושות ניהלה אורך
חיים שהיה מושרש היטב בערכים רוחניים ולכן
היה ביכולתה לשלוט בתשוקה זאת. כאשר
אמה הייתה ילדה, אימה הייתה אומרת: "לעו־
לם אל תטילי מימייך בנהר. הנהר הוא דווי[14].
"כשהיינו שוחים בתעלת המים, המים היו קרים
מאוד ולמרות זאת, כיוון שזכרנו את דברי אמא,
הצלחנו להתאפק. כשאדם מפתח יראת כבוד
עבור הנהר, הוא לעולם לא יזהם אותו.

למרבה הצער, החברה של ימינו ריקה מערכים.
תקריות כמו זו שקרתה לאחרונה בדלהי הן
הוכחה לכך.

כיום הנוער מבזבז את זמנו הפנוי בחיפוש אחר
אתרים פורנוגרפיים באינטרנט. זה כמו לש־
פוך שמן למדורה, זה רק מגביר את התאווה
שבהם. מספר בני נוער אפילו סיפרו לאמה
שחשבו מחשבות לא טהורות כלפי אחיהם
ואחיותיהם לאחר צפייה בחומר מסוג זה. הם

---

14   אלה, האם הבוראת.

מאבדים את הויואקה שלהם. המצב של הנוער
כיום דומה לזה של קוף שיכור שננשך על ידי
עקרב ואז נחבט בראשו על ידי אגוז קוקוס
נופל. המצב של הנוער כיום דומה לזה של
טיל שנלכד בכוח המשיכה של כדור הארץ. על
מנת לפרוץ ולהשתחרר מכוח זה, אנו זקוקים
לערכים רוחניים שיאפשרו לטיל לנסוק.

בדיוק כפי שהורים מוכיחים את ילדיהם
באומרם, "תפסיק לשחק ותתחיל ללמוד!"
עליהם להתעקש שילדיהם יתאמצו לפתח
ערכים. כשילדינו עדיין צעירים ונוחים להשפ־
עה, אימהות צריכות לומר לבנותיהן בתקיפות
"את צריכה להיות חסרת פחד. לעולם אל תתני
לאיש לדכא אותך. עלייך לפתח חוזק לב."
באופן דומה הורים צריכים ללמד את בניהם על
הצורך לכבד ולהגן על נשים גם יחד. בימים אלו
הגברים דומים לכבישים חד סיטריים; עליהם
להפוך לכבישים מהירים ולאפשר לנשים להת־
קדם לצדם. הממשלה יכולה לשנות כמה חוקים
שתרצה ולהחמיר את הדין עם עברייני המין
ככל שתרצה, אבל אם לא נגדל את ילדינו עם
ערכים, לעולם לא יתרחש שום שינוי אמיתי.

הממשלה צריכה לקיים ישיבות ולקבוע מהי הדרך הטובה ביותר למנוע זמינות של חומר מיני בוטה באינטרנט ממוחותיהם הנתונים להשפעה של הצעירים.

בעבר, עבודה בקהילה בהיקף מסוים היתה בגדר חובה עבור כל תלמידי בתי הספר. אמה סבורה שיש להשיב מדיניות זו על כנה. אם כל בתי הספר שלנו היו לוקחים את תלמידיהם למסעות ניקיון ולנטיעות עצים לפחות פעמיים בשבוע, בעיית הזיהום הייתה פוחתת במידה גדולה מאוד. או אז, נוכל גם לפתח מנטליות מכוונת שירות בקרב ילדינו כאשר הם בשלב שעדיין נוח להשפעה.

כיום, הדת הופכת לסחורה נוספת הנמכרת בשוק. "זוהי דת איכותית, זו היא דת גרועה". זוהי הדרך בה חלק מהאנשים מוכרים את הדת. זה ממש כמו להגיד "אמא שלי קדושה, ושלך פרוצה". מטרת הדת היא לא לבנות חו־מות אלא להקים גשרים שמחברים בין קבוצות של אנשים שבעבר היו מנוכרות זו לזו. למטרה זו, כל אדם צריך לנסות להבין את העקרונות העמוקים ביותר של הדת - המסר של אהבה

וחמלה. בדרך זו, חייו ולימודיו של סוואמי ויוקא־
נאנדה יהפכו למקור השראה לכולנו.

לבסוף אמה הייתה רוצה להעלות הצעה שהיא
מרגישה שתהיה הצעה מועילה לחברה שלנו.
בדיוק כפי שבוגרים בלימודי רפואה חייבים
קודם כל לשרת באזורים כפריים במשך שנה
אחת, כך גם צריך לעשות לפחות ילד אחד מכל
משפחה עם סיום לימודיו. מענקים ממשלתיים
יכולים לממן זאת.

אנשים צעירים אלה צריכים לחיות בקרב הע־
ניים, להבין את הבעיות עמן הם מתמודדים
ולנסות למצוא פתרונות שיעזרו להם. בדרך זו,
אנו יכולים לעורר חמלה בקרב צעירינו לתמוך
בעניים, וכך המדינה תצמח מבחינה הוליסטית.
אם הגמלאים שלנו יקדישו באופן דומה שנה
מחייהם על מנת לשרת את העניים, תהיה
לדבר השפעה גדולה אפילו יותר על מדינתנו.
כשבאמת חושבים על זה, האם יש הבדל בין
בני אדם לתולעים? גם התולעים אוכלות,
ישנות, מפרישות צואה, מביאות צאצאים
לעולם ולבסוף מתות. לאחר שקיבלנו מתנה
יקרת ערך זו של חיים כבני אנוש, האם אנו

עושים דבר כלשהו יותר מכך? לא. זאת ועוד,
בעקבות הדברים השליליים כגון כעס, קנאה
ושנאה, אנחנו יוצרים *וואסאנאס* [15] חדשים.
לפחות התולעים לא עושות זאת. זהו דבר
שעלינו להרהר בו.

עלינו לחיות באופן שעוזר גם לנו וגם לאחרים.
אלוהים נתן לברק רק רגעים ספורים של קיום,
כך גם לקשת. ישנם פרחים שפורחים במשך
יום אחד בלבד. הירח המלא יחזיק מעמד רק
עד הזריחה. הפרפר חי ימים ספורים בלבד. עם
זאת במהלך הקיום הקצר שלהם הם תורמים
כל כך הרבה יופי ושמחה לעולם. אמה מתפ-
ללת שנלמד מהדוגמה שלהם וננסה להשתמש
בחיינו על מנת להפוך עולם זה למקום אפילו
יפה יותר. הבה נצבע את שפתינו במילים של
אמת, הבה נתחום את עינינו עם *אנג'אנם* [16]
של חמלה. הבה נקשט את ידינו בחינה של
מעשים טובים. הבה נברך את התודעה שלנו
במתיקותה של הענווה. הבה נמלא את ליבנו

---

15 נטיות שליליות.
16 כחל לעיניים.

באור האהבה לאלוהים ולכל הבריאה שלו. מי ייתן ונהפוך בדרך זו עולם זה לגן עדן. הודו צריכה לצמוח. קולם של הידע, ההגשמה העצמית ומילותיהם העתיקות של הרישים שלנו צריכות לעלות שוב ולהדהד ברחבי העולם. על מנת להשיג זאת עלינו לעבוד יחד. מי ייתן וארץ זו, שלימדה את העולם מהי המ־ שמעות האמיתית של קבלה, תישאר בעלת סגולה זו לעד. מי ייתן והקונכייה של הסנאטנה דהארמה תריע תרועה של התעוררות מחוד־ שת שתהדהד ברחבי העולם. סוומאי ויוקאנא־ נדה היה כמו קשת שהופיעה ברקיע האנושות על מנת לעזור לנו להבין את היופי והערך של חיים ושל פעילות בשילוב חמלה ומדיטציה. על כן, מי ייתן והחלום היפה על אהבה, חוסר פחד ואחדות, אשר סוואמי ויוקאנאנדה חלם, יתממש. מי ייתן והפאראמאטמן [17] תיתן לכולם את הכוח להשיג זאת.

---

17 הנשמה העליונה, האלוהית.